CASTORES

ANIMALES NORTEAMERICANOS

Lynn M. Stone

Versión en español de Elsa Sands

Rourke Enterprises, Inc.
Vero Beach, Florida 32964

CRÉDITOS FOTOGRÁFICOS
Todas las fotos por Tom y Pat Leeson con la excepción de las
páginas 7, 10 y 15 fotografiadas por Lynn Stone

LIBRARY OF CONGRESS
Library of Congress Cataloging-in-Publication Data
Stone, Lynn M., 1942-
[Castores. Español.]
    Castores / por Lynn M. Stone; versión en español de Elsa Sands.
    p.   cm. — (Biblioteca de descubrimiento de animales
norteamericanos)
    Traducción de: Beavers.
    Incluye un índice alfabético.
    Sumario: Una introducción a las características físicas, los hábitos, el
ambiente natural y la perspectiva en el futuro de los castores.
    ISBN 0-86592-832-0
    1. Castores—Literatura juvenil.
[1. Castores.   2. Materiales en español.]
I. Título.   II. De la serie de: Stone, Lynn M., 1942-
Biblioteca de descubrimiento de animales norteamericanos.
QL737.R632S7618   1991
599.32'32—dc20   91-24328
                                            CIP
                                            AC

ÍNDICE

EL CASTOR

No necesitas una máquina para construir una represa. Si eres un castor *(Castor canadensis)* puedes hacer el trabajo tú mismo.

Los castores son los constructores de las represas de la naturaleza. Ellos cortan árboles y les ponen arcilla para construir sus represas.

La represa detiene el agua del arroyo y transforma lo que era tierra seca en una laguna.

La laguna protege a los castores. Ellos pueden desparecer zambulléndose debajo del agua por la entrada a su **madriguera.**

Un castor en el caminito de los castores

LOS PRIMOS DE LOS CASTORES

Los castores pertenecen a la familia de animales llamada **roedores.** Los roedores son animales peludos de cuatro patas que roen o mastican.

Los roedores tienen dos pares de dientes largos y filosos llamados **incisivos.** Tienen un espacio entre los dientes de adelante y los de atrás.

Otros roedores son primos de los castores. Algunos son las ardillas que se trepan en los árboles, las ardillas que andan en la tierra *(como perros de la pradera),* los ratones, las ratas, los puercoespines, los musgaños y las marmotas. El castor es el roedor norteamericano más grande al norte de Panamá.

Una marmota

CÓMO SON

Los castores tienen piel gruesa y oscura. Sus colas aplastadas son escamosas y negras. Los dientes grandes de adelante son de color café claro.

Las patas traseras de los castores son palmeadas. Esto les ayuda a remar en el agua.

Los castores tienen orejas chicas y ojos chicos y oscuros. Los ojos tienen párpados transparentes que los protegen debajo del agua.

Los castores usualmente no pesan más de 60 libras pero una vez pesaron una a 109 libras.

Los castores miden entre 35 y 46 pulgadas de largo.

Un castor cortando un álamo temblón

DÓNDE VIVEN

El área donde se puede encontrar un animal se llama su **territorio.** Los castores viven por casi todo los Estados Unidos y Canadá. Aunque algunos castores viven en el Norte congelado, otros viven en el Norte do Florida.

Dentro de su territorio los castores tienen un **hábitat.** Este es el tipo de lugar especial donde les gusta construir sus hogares. El hábitat de los castores incluye los pantanos, los ríos, los lagos, los arroyos y las lagunas. Los castores que viven en los ríos no construyen represas. Ellos tienen chozas con entradas debajo del agua a la orilla del río.

Una madriguera de castor en Maine

*Un castor
comiendo hojas*

CÓMO VIVEN

Las represas de los castores no son impermeables. Los castores tienen que continuar cortando árboles y reparando sus represas constantemente.

Los castores están más ocupados de noche. Rara vez cortan árboles o trabajan en las represas durante el día. Ya que los castores se mueven muy despacio en la tierra es más seguro para ellos si cortan los árboles de noche.

Los castores entretejen los árboles que cortan hasta formar represas y madrigueras. La arcilla que le ponen a las ramas ayuda a conservar agua.

Los castores construyen madrigueras con un área hueca cerca de la parte de arriba. El castor nada a esta área seca—la sala—por debajo del agua.

Un árbol cortado por un castor

LOS GATITOS DE LOS CASTORES

Un par de castores adultos probablemente forma su pareja por vida. Sus bebés, llamados gatitos, nacen en mayo y junio.

Una mamá castor tiene de uno hasta ocho hijos. Casi siempre tiene cuatro o cinco. Los gatitos pueden nadar en menos de una hora después de nacer.

Los castores jóvenes permanecen en la casa de sus padres por dos años aproximadamente.

Los castores viven usualmente de 8 a 10 años. Sin embargo, se sabe de un castor que llegó hasta los 19 años de vida.

Un castor se va de la laguna

RAPIÑA Y PRESA

Los castores comen plantas o son **herbívoros.**
Los castores norteños comen hojas y la corteza de
los siguientes árboles: el álamo, el álamo temblón, el
sauce y el arce.

Los castores guardan ramitas y ramas para usar
como comida en el invierno.

A veces los castores son atacados por animales
que comen carne llamados **animales de rapiña.**
Usualmente los animales de rapiña atacan a los
castores jóvenes.

Generalmente los castores están seguros cuando
están en sus lagunas o madrigueras. En la tierra ellos
pueden ser la **presa** o comida para los
coyotes, los zorros, los gatos montañeses, los
leones montañeses, los búhos y los halcones.

Un castor juntando
comida para el invierno

LOS CASTORES Y LOS SERES HUMANOS

La piel de castor es de mucho valor. En algunas partes del territorio de los castores la gente los atrapa en trampas de acero.

La piel de castor se usa para hacer ropa y para decorarla. En otras partes del territorio de los castores el castor es protegido de los cazadores.

Durante los años de 1800, atrapar a los castores era un negocio grande.

Gorros y abrigos de castor estaban en demanda. Los cazadores con trampa visitaban partes de Norteamérica que nunca se habían explorado, sólo para encontrar más castores. Centenas de pioneros viajaron al Oeste al oir de las aventuras de los cazadores.

Un castor roendo

EL FUTURO DE LOS CASTORES

El atrapaje de los castores en los años de 1800 hizo que los castores fueran muy raros en sus territorios. El castor desapareció totalmente de muchos lugares.

Ahora los castores están algo protegidos por las leyes de los Estados Unidos y Canadá. Una vez más los castores viven en todo su territorio.

Los castores han llegado a ser pestes para alguna gente. Sus represas pueden inundar las calles y las cosechas. También los castores no se fijan de quién son los árboles que cortan.

A la mayoría de la gente, sin embargo, les gusta tener a los castores en su alrededor. Sus lagunas forman un buen habitat para muchos animales.

GLOSARIO

animal de rapiña — un animal que mata a otros para su comida

gatito — un castor bebé

habitat — el lugar donde vive un animal como, por ejemplo, el bosque

herbívoro — un animal que sólo come plantas

incisivo — dientes de adelante hechos para cortar, en los mamíferos

madriguera — cuevecilla en que habitan ciertos animales

presa — un animal que es cazado por otro

roedor — un grupo grande de animales que roen

territorio — el área donde vive cierta clase de animal

ÍNDICE ALFABÉTICO